Michael Hain

Er wohnt im Wort

Michael Hain

Er wohnt im Wort

Aphorismen, Gedichte und Gedanken

Fromm Verlag

Imprint
Any brand names and product names mentioned in this book are subject to trademark, brand or patent protection and are trademarks or registered trademarks of their respective holders. The use of brand names, product names, common names, trade names, product descriptions etc. even without a particular marking in this work is in no way to be construed to mean that such names may be regarded as unrestricted in respect of trademark and brand protection legislation and could thus be used by anyone.

Cover image: Vom Autor bereitgestellt

Publisher:
Fromm Verlag
is a trademark of
International Book Market Service Ltd., member of OmniScriptum Publishing Group
17 Meldrum Street, Beau Bassin 71504, Mauritius

Printed at: see last page
ISBN: 978-620-2-44226-8

Inhaltsverzeichnis

Vorwort

Er wohnt im Wort.

Gott hat sich entschieden, mit uns zu kommunizieren. Für diese Kommunikationsebene benutzt er sein Wort. Darin und mit ihm teilt er sich uns mit, zeigt er sich uns, schafft und erhält diese Welt. Höhepunkt dieser Kommunikation ist die Menschwerdung seines Wortes: Jesus Christus.

Dreifach begegnet uns Christus: im Wort der Bibel, im gesprochenen Wort aus Menschenmund, das von ihm spricht, redet, erzählt, kündet und zeugt, und schließlich in den Stiftungsworten der Sakramente Taufe und Abendmahl. Auf diese dreifache Weise können wir Jesus Christus erfahren und ihm begegnen. Dies gilt nicht nur auf den Höhen unseres Lebens, vielmehr gerade in den finsteren Tälern. In Fragen, in Zweifeln, Anfechtungen, Krankheiten, selbst im Sterben ist Gott uns mit seinem Wort nahe, richtet uns auf, tröstet uns, hilft uns, stärkt uns. Er lässt uns glauben und hoffen, indem er uns durch sein Wort seine Nähe zuspricht, sein Dasein für uns. Der Heilige Geist lässt uns diese Nähe spüren und ergreifen und in unseren Herzen darauf vertrauen.

Gerade das Kirchenjahr mit seinen Festen ist dazu angetan, uns an Jesus Christus zu erinnern und uns an seinem Leben und Ergehen teilhaben zu lassen durch die o.g. dreifache Weise.

Ich weiß, dass heute viele Menschen auf andere Art und Weise nach Erfahrungen mit Gott suchen, z.B. in der Natur, auf Wallfahrten, durch die Einkehr ins eigene Innere mit Hilfe verschiedener Meditationstechniken. Ich bin jedoch zutiefst davon überzeugt, dass Gott uns vornehmlich durch sein Wort begegnet und dieses Wort uns glücklich macht.
Mit Psalm 1 in der Übersetzung der Basisbibel gesagt:

„Glücklich der Mensch,
der in dieser Weise lebt:
Es macht ihm Freude,
in der Heiligen Schrift zu lesen.
Tag und Nacht denkt er darüber nach
und sagt Gottes Wort laut vor sich hin.
Er gleicht einem Baum,
der am Wasser gepflanzt ist.
Seine Früchte trägt er zu seiner Zeit
und seine Blätter verwelken nicht."

Sollte, was im alttestamentlichen Kontext erfahrbar war, nicht auch heute möglich sein?

Die Aphorismen, Gedichte und Gedanken möchten zur Begegnung mit Gott ermutigen. Sie spiegeln eigene Erfahrungen wieder. Entstanden sind sie beim Bibellesen, beim Predigtschreiben, beim Hören von Johann Sebastian Bachs Klavierwerken, die, so meine ich, die Transzendenz berühren, oder einfach im Café und in der Begegnung mit Menschen. Er wohnt im Wort unter uns.

Widmen möchte ich dieses Buch meinen Eltern Günther Hain († 2003) und Wilhelmine Hain († 2010). Meiner Frau Anne danke ich von Herzen für ihre Hilfe bei der Erstellung dieses Buches.

Exaudi 2018, Michael Hain

Advent und Weihnachten

Advent

Dich zu empfangen
Warten wir
Fragen, was dir gefällt
Worüber du dich freust
Die Antwort:
Lob und Preis
Und deinem Namen dienen

Vgl. Evangelisches Gesangbuch (EG), 11,2

Beobachtung

Die Post befördert
Säckeweise Segenswünsche
Anissterne und Zimtsterne
Stehen am blauen Firmament
Besinnlichkeit und Behaglichkeit
Schlendern durch dunkle Gassen
Es ist Advent

Wunder

Ohne wunder was getan zu haben
Kehren Wunder in dein Leben ein
Und du wunderst dich über
Baum und Blume wunderschön
Wunderbar, Herr, sind deine Werke
Glaube, Hoffnung, Liebe
Voller Wunderkraft wohnen
Sie im Herzen wundermild
Es braucht dich nicht
Wunderzunehmen
Denn der Herr ist nahe

Phil 4,4f

Ankunft

Er kommt
Der Angesagte
der Angekündigte
Er kommt
Heute noch
Sogleich
Jetzt
Er kommt
Im Wort
Seinem Gefährt
Er kommt
Steigt aus
Vor deinem Herzen
Tritt ein
Bringt Glück herein
Leben, Licht
Freud und Wonne
Er ist
Wie angesagt
Angekündigt
Angekommen
Schönster Advent
Im Alltag

Du kommst

Kommst, kommst
Nicht wie bestellt
Kommst, kommst
Wann's dir gefällt
Kommst, kommst
In diese Welt
Kommst, kommst
Hast sie erhellt
Kommst, kommst
Zum Hirt aufs Feld
Kommst, kommst
Hast uns erwählt

Wahrnehmung

Er ist gesehen worden
Er ist gehört worden
In Wald und Flur
In der guten Stube
Hier und dort
Der in der Krippe lag
Am Kreuz hing
Auferstand am dritten Tag
In aller Herrgottsfrühe
Er ist gesehen worden
Er ist gehört worden
Heute im Wort
In, mit, unter Brot und Wein
Er ist gesehen worden
Er ist gehört worden
Niemand ist vor ihm sicher
Niemand vor seiner Liebe
Er ist gesehen worden
Er ist gehört worden

Wieder flieht das Jahr

Wieder flieht das Jahr in den Dezember
Sucht Wärme
Sucht Licht
Sucht die Worte: „Fürchte dich nicht!“
Wieder flieht das Jahr in den Dezember
Sucht sich zu bergen in der Stillen Nacht
Sucht Zuflucht im Stall vor aller Not
Sucht für die arme Seele Brot

Kleine Richtigstellung

Clemens von Brentano sagte über die Geburt Jesu:
„Weil wir Gottes Kinder sind, kam ein Kind, uns zu erlösen."
In der Bibel lese ich aber:
„Ein Kind kam, uns zu erlösen, damit wir Gottes Kinder werden."
Ein kleiner, aber feiner Unterschied!

Clemens von Brentano, das Lied vom Kinde, in: EG, S.111;
vgl. dazu Röm 8,14; Gal 3,26ff; 4,4; 1.Joh.3,1ff

Weihnacht

Der Himmel geerdet
Die Erde angehimmelt

Licht und Dunkel

Lichterglanz
Lichterketten
Lichterbaum
Lichte Erinnerung
Daran
Dass im Dunkel
Die Gottesgeburt
Geschieht

Tiere

Du Ochse
Du Esel
Du Schaf
Du Kamel
Ein gutes Zeichen
Sich mitten
In der Gesellschaft
Von Krippentieren
Wiederzufinden

Kleinglaube

Kleinglaube
Klein wie ein Senfkorn
Groß genug zum Bergeversetzen
Kleinglaube
Im Stall zu Bethlehem
Wird Gottes Größe klein
Geglaubt

Mt 17,20

Weihnachtsweg

Der Weg zur Krippe
Ist ein Weg durch die Nacht

Der Weg zur Krippe
Ist ein gewiesener Weg

Den Weg zur Krippe
Geht niemand allein

Weihnachtslicht

Engelslicht
Sternenlicht
Ein Glänzen und Gleißen
Im fahlen Schein
Einer Stalllaterne

Weihnachtslieder

Leise rieselt der Schnee
Alle Jahre wieder
Stille Nacht
Erinnerungen an eine
Verloren geglaubte Kindheit
Voller Geborgenheit
Wärme und Freude
Für Gotteskinder
Kehrt sie wieder
Ich glaube es
Ich glaube es für dich
Mit

Weihnachtsmarkt

Wo ist nur das Neugeborene
Zwischen all den Döner-, Cevapcici-
Crepes-, Grill- und Glühweinbuden?

Wo höre ich seinen Schrei
Zwischen all der
Lautsprechergedudelweihnachtsmusik?

Wo höre ich in all dem Lärm
Ein Wort der Gnade?

Mein Gott
Musst du dich so verstecken
Wie im Viehstall zu Bethlehem?

Und wenn du meinst
Du müsstest es
Dann, ja dann
Schick bitte wenigstens
Einen Engel
Oder einen Stern

Auf der Suche

Auf Straßen und Plätzen
Da draußen
An Haltestellen, in Hinterhöfen
Da draußen
Auf der Flaniermeile, im Shoppingcenter
Da draußen
In der Einöde, am Ende der Welt
Muss seine Krippe stehen
Irgendwo
Da draußen

Fundsache

Gemurmel wabert über den Ständen
Glühwein durchtränkt den Wortdunst
Es bleibt kalt
Ein Kind fragt:
Hat Jesus uns alle
Zu seinem Geburtstagsfest eingeladen?
Niemand antwortet
Ich hebe die fallengelassene Frage
Auf und stecke sie behutsam
In meine Manteltasche
Wie sie wärmt!

Weihnachtslärm

Laut schreit die Weihnachtsbeleuchtung
Über die Fußgängerzone: Kauft ein, kauft ein!
Laut dampft der Glühwein aus den Verkaufsbuden
Zuviel Geld wechselt in diesen Tagen den Besitzer
Der wild gewordene Markt bleibt ungesättigt
Gott wehrt sich mit einem Kind im Stall
Das mit einem lauten Schrei
Diese Welt verlassen wird
Und alle himmelschreiende Schuld
Mit sich in den Tod nehmen wird
Fröhliches Geschrei mischt sich
In die geheuchelte stille Nacht
Und will nicht mehr verstummen
Ehre sei Gott in der Höhe

Lasst uns gehen

Lasst uns gehen uns sehen
Was der Engel verkündigt hat
Wie weit ist der Weg?
Einen Handgriff weit
Die Bibel steht
Im Regal

Weise

Nicht an Stars und Sternchen
Blickten sie empor
Nicht auf Sterne
Die von Qualität zeugen
Nicht auf sternengeschmückte Banner
Seinen Stern sahen sie
Und brachen unverzüglich auf
Das nennt man weise

Himmel auf Erden

Himmel auf Erden
Bist du mir
Wort
Das am Anfang war
Und ist
Und bleiben wird
Schatz im Acker
Bist du mir
Wort
Das sich finden lässt
Kostbarer als alle Habe
Paradies
Bist du mir
Wort
Das Fleisch wurde

Wundernacht

Wundernacht, Weihnacht
Ein aus der Bibel gespeistes
Stilles Sehnen
Wundernacht, Weihnacht
In unserem Weltendunkel
In meiner Herzensfinsternis
Eine lichte Nacht
Mit tausend Sonnen
Wundernacht, Weihnacht

Schweigen

Kurz vor Heiligabend
Beim Einkaufen im Advent
Höre ich nichts vom König aller Königreich
Vom Heiland aller Welt zugleich
Nichts höre ich davon, dass Gottes Sohn ist kommen
Nichts vom Heiden Heiland
Nichts höre ich vom Trost der ganzen Welt
Niemand redet vom fleischgewordenen Wort
Niemand von Gottes Held
Der die Welt reißt aus allem Jammer
Niemand erzählt von der rettenden Stund
Mitten in dieser Sprachlosigkeit
Mitten im diesem Verschweigen
Mitten im Konsumlärm
Steht die Krippe
Zwischen Waschmittel und Wursttheke
Mit Glaubensaugen zu sehen
Halleluja
Kyrie eleison

EG 1,1; 4,1; 5,1; 7,4; 46,3

Trauer zur Weihnacht

Die Weihnacht glänzt in Weiß
Mein Herz trägt Schwarz zur Trauer
Muss mir ein neues Zuhause suchen
Die Eltern sind gegangen
Ich suche eine Bleibe unterm Stern
Im Stall

Krippe und Kreuz

Ein Stern steht still
Das ganze All
Ist voll Gesang
Weil Gott es will
Hirten beten im Stall

Die Erde bebt
Auf Golgatha erlebt
Der Tod seine letzte Stunde
Seither heißt die frohe Kunde
Für dich, wieder für dich, immer für dich

Alter

Na, du alt gewordener Friede
Wie steht es mit uns beiden?
Wirst du halten?
Wirst du fliehen?
Aus dem Zukunftsland
Eilen Engel zur Erde
Gerade noch rechtzeitig
Über den Feldern
Singen sie ihr Lied
Ehre sei Gott in der Höhe
Und Frieden auf Erden
Bei den Menschen
An denen Gott Gefallen hat
Na, du alt gewordener Friede
Man sieht dir dein Alter
Gar nicht an

Lebenszeichen

Dein erster Schrei durchbricht
Die stillgewaltige Nacht
Dein erster Schrei lässt
Über mir die Sonne aufgehen
Um Mitternacht
Dein erster Schrei kündet
Von Gottes Lebensmacht
Wie dein letzter Schrei:
Es ist vollbracht

Joh 19,30

Weiter

Engelgesang
Verklingt in der stillen Nacht
Wer spielt die Melodie weiter?
Wo ist noch etwas
Vom offenen Himmel zu hören
Wenn nicht in deiner Gemeinde
Am Sonntagmorgen
Aus Menschenmund
Auf harter Kirchenbank?

Wie lange noch?

Die Engel ziehen sich in den Himmel zurück
Die Hirten gehen an ihre Arbeit
Die Weisen kehren heim
Die Idylle geht verloren
Die Angst geht um
Die heilige Familie flüchtet nach Ägypten
Die Zeit rennt davon
Und über alles hinweg
Bis die Engel den Himmel verlassen
Die Hirten ihre Arbeit
Die Weisen ihre Heimat
Bis die Angst vergeht
Der Heiland zurückkehrt
Und die Zeit stolpert
Und stillsteht

Offener Himmel

Ach, dass du den Himmel zerrissest
Dass er offen stünde – sperrangelweit
Dass Schloss und Riegel aufbrächen
Endgültig, ewigkeitslang
Wer sehnt sich mit mir
Nach der erfüllten Gemeinschaft mit dir?
Wer sehnt sich mit mir
Alle Heiligen und Engel zu sehen?
Wer sehnt sich mit mir
nach der Freude und dem Fest des Himmels?
Wer sehnt sich mit mir
Nach Vollendung, Erfüllung und Vollkommenheit
Wer sehnt sich mit mir
Gott in seiner Schönheit zu sehen?
Lasst uns die Hände reichen und rufen
Ach, komm, komm, komm
Du seit zweitausend Jahren Angesagter

Lauf der Zeit

Weihnachten war gestern
Heute purzeln die Preise
Das Kind in der Krippe
Fällt aus den Schlagzeilen
Alt wie der Schnee von gestern
Die Engel sind verschwunden
Weihnachten war gestern
Heute ist alles wieder
So stinknormal

Winternacht

Das Jahr ist alt
Der Tag kurz und kalt
Der Lärm gedämpft
Der Schnee bekämpft
Die Nacht zieht ihre Kreise

Stadt und Wald
Liegen bald
In tiefem Schlaf und Schlummer
Gestillt ist aller Kummer
Ein Traum geht auf die Reise

Das Jahr ist alt
Der Tag kurz und kalt
Das Neue Jahr steht vor den Toren
Das Alte ist erfroren
Nichts regt sich unterm Eise

Das neue Jahr

Das neue Jahr ist da
Hat die Schwelle überschritten
Laut begrüßt mit Prost und Hurra
Eilt es in großen Schritten
Geht seinen gewohnten Gang
Durch Frühling, Sommer, Herbst und Winter
Begleitet von Lob- und Klagegesang
Es gibt kein Zurück, kein Dahinter
In den ersten Tagen in Tritt gekommen
Ziehen wir mit ihm dahin
Wir werden mitgenommen
Und kennen weder Ziel noch Sinn
Nun, was es auch bringen mag
Es steht in Gottes Händen
Lust und Last, Nacht und Tag
Vertrauen wir:
Er wird alles zum Guten wenden

Passion

Mensch und Gott

Gott geht auf die Suche
Wo bist du?
Wo bist du hingegangen?
Wie weit hast du es gebracht?
Wo hast du dich vor mir versteckt?
Er sucht Jahr um Jahr
Tag um Tag
Stunde um Stunde
Er findet uns
Auf Golgatha
„Es ist vollbracht!“, schreit er
Heimgesucht

Aus

Ausgeliefert wurdest du
Ausgezogen, ausgepeitscht
Ausgestoßen, ausgesetzt
Dem Spott und Hohn
Menschen haben ausgespuckt
Vor dir und deinem Leiden
Was du da ausgehalten
Ausgestanden, ausgewetzt
Und ausgebadet hast
Das teilt der ganzen Welt
Leben aus

Leidensweg

Jesus trägt sein Kreuz
Stolpert und bricht zusammen
Die Menge schaut zu
Schweigt
Jemand kocht Suppe in der Küche
Andere surfen durchs Internet
Jemand kauft neue Schuhe
Wer um Himmelswillen
Kann auch ahnen
Dass Gott gerade
Unter der Last der ganzen Menschheit
Auf allen Vieren kriecht

Identitätsfrage

Der da sollst DU sein?
Du, der den siebten Tag heiligte
Du, der das Meer teilte
Die Zehn Gebote erschuf
Israel ins gelobte Land führte
David zum König machte
Die Propheten berief
Der da sollst DU sein?
Der da am Kreuz?

Gericht

Unser Leben vor dir
Ist ein offenes Buch
Was bleibt zu hoffen
Wenn dir beim Lesen
Die Zornesröte
Ins Gesicht steigt?
Dass deine Liebe dir
Ein nachsichtiges Lächeln
Schenkt
Und deinen Augen
Den Glanz eines Liebenden
Denn unser Leben
Ist signiert
Mit deinem Kreuz

Änderung

Es sieht nicht so aus
Als hätte sich viel verändert
In dieser Welt
Nur, dass dein Gott nun
Die Spuren eines gefolterten
Und ans Kreuz gehängten Menschen trägt
Die ihn zur Barmherzigkeit zwingen
Die Hoffnung ist gewachsen
Dass sein Schmerz ihn dazu treibt
Die Leiden auf Erden zu lindern
Oder ganz abzuschaffen
Was nicht das Schlechteste wäre
Bisher hat er es nicht getan
Aber weißt du
Wozu er sich morgen entscheidet?
Seine Wunden brennen noch

Ostern

Versuche zu Ostern

Weil ER ist
Sind wir
Wäre ER nicht
Wäre nichts
Nun aber blühen
Wiese, Baum und Blume
Und du und ich

Auf den Kreuzwegen
Lebt die Hoffnung

Wenn der Tod ruft:
„Dich kaufe ich mir!“
Ruft Christus:
„Pech gehabt, mein Lieber
Ich habe schon für sein Leben bezahlt!
Er gehört mir – auf ewig!“

Gemeinschaft

Niemals mehr ohne dich, Herr
Schreib es mir täglich in mein Herz
In mein Gedächtnis ein
Niemals mehr ohne dich
In Glücks- und Freudentagen
Niemals mehr ohne dich
In Leid und Not
Im Sterben und im Tod
Herr, seit Ostern
Niemals mehr ohne dich

Durchbruch

Grün durchbricht
Die Einzelhaft im Schoß der Erde
Die Menschen sollten ewig leben
Müde lacht der Clown
Schattenreich bleiben die Tage
Im ummauerten Sonnenhof
Trotzdem durchbricht
Das Grün die Einzelhaft
Im Schoß der Erde

Jesus lebt

Du blickst auf deinen Tod zurück
Und freust dich deines Lebens
Du nimmst uns in dein Leben mit
Der Tod freut sich vergebens

Himmelfahrt

Kleidung

Erdfarben
Kleidet sich die Gnade
Erdfarben die Barmherzigkeit
Seit deiner Himmelfahrt
Stieg die Erdfarbe auf
Zum letzten Schrei im Himmel

Pfingsten

Wie gut

Wie gut, Heiliger Geist, dass wir dich nicht besitzen
Aber du uns besitzt
Wie gut, dass du nicht unser Eigentum bist
Wir aber das deine
Wie gut, dass wir nicht über dich verfügen können
Du aber über uns verfügst
Wie gut, dass wir keine Macht über dich haben
Du aber Macht über uns hast
Wie gut, Heiliger Geist, dass du Herr bist

Verwandlungskünstler

Heiliger Geist, komm
Stifte Gemeinschaft
Mit dem Vater und dem Sohn
Und verwandle so
Berge in Ebenen
Niedriges in Hohes
Schwäche in Stärke
Wüsten in Paradiesgärten
Angst in Mut
Tod in Leben
Komm, Heiliger Geist

Pfingsten

Wer weiß schon
Dass sich hinter einer Päonie
Die Pfingstrose verbirgt
Hinter Pfingsten die Zahl „Fünfzig“
Und im Fest der Heilige Geist?
Pfingsten, mehr als ein Wort
Das zwischen Pfiffikus und Pfirsich steht

Gemeindewachstum

Es kommt darauf an
Ob der nächste Tiefausläufer
Deinen Geist mit sich bringt
Damit Sturm und Regen
Das ausgetrocknete Land beleben
Es kommt darauf an
Ob du den Platzregen schickst
Damit die Seele zurückkehrt zum Leben
Es kommt darauf an
Welchen Weg du Wolken
Luft und Winden weist
Es kommt darauf an
Wann du wo bist, Herr
Darauf kommt es an
Und auf sonst gar nichts

Siehe Martin Luther, An die Ratsherrn aller Städte deutschen Landes, WA 15, 32,7f: „Gottis wort vnd gnade ist ein farender platz regen / der nicht wider kompt / wo er eyn mal gewesen ist."

Das erste Urteil

Das erste Urteil über die Kirche ist gefällt
Schriftlich dokumentiert, aktenkundig:
„Sie sind voll von süßem Wein!“
Voll sind wir mit Hoffnung
Voll von Visionen
Einer neuen Welt
In der Gerechtigkeit
Und Frieden sich küssen
Voll sind wir
Voll vom Rebensaft
Des Weinstocks Jesus Christus
Halleluja

Apg 2,13

Maurer

Heiliger Geist
Reiß die Mauern ein
Mit denen sich Menschen
Vor Gott schützen wollen
Baue das Reich Gottes unter uns
Mach uns zu deinem Tempel
Stein um Stein baue deine Gemeinde
Hör mit deiner Arbeit nicht auf
Verlass deine Baustelle nicht
Baue, maure, stütze, richte auf
Heiliger Geist

Pfingstfest

Der Sturm zieht auf
Feuer leuchtet, lodert
Sturm und Feuerflamme
Über Stadt und Land
Zieht der fünfzigste Tag herauf
Zur dritten Stunde
Ein Lärmen und Lachen
Gut zu hören
Durch Jahrtausende hindurch
Für die Geisterfüllten
Für die Vertrauenden

Loblied

Gottes machtvolle Gegenwart
Gottes Kraft schenkende Präsenz
Gottes Leben schaffendes Dasein
Heiliger Geist, du
Der Dritte im Bunde
Des Einsseins
Du geeinter Einziger
Du einzig Einender
Du Unterpfand der Ewigkeit
Du Vorschuss auf die Vollendung
Dein ist die Kraft
Dein die Macht
Dein ist der Ruhm
Dein die Ehre
Amen

Ummeldung

Ausgebürgert aus der Welt
Eingebürgert in den Himmel
Gepfingstet

Ewigkeitssonntag

Ausflug ins Blaue

Alles dabei
An Proviant
Kampfgeist
Hoffnung
Siegesgewissheit
Und dann
Gekämpft
Gehofft
Verloren
Es quält
Der Hunger
Nach Leben

Erinnerung

Stimmen höre ich von ferne
Dringen erinnernd an mein Ohr
Still hört mein Herz sie reden
Und Bilder treten leis‘ hervor

Keine Angst

Angstfrei
Noch nicht
Nicht hier
Nicht in mir
Einmal ganz gewiss
Ganz sicher
Sicher im Neugewordenen
Vollendeten

Heimkehr

Angstzerfressen
Hängt der
Anzug vom Leib

Fluchten
Haben Löcher
In die Schuhsohlen
Gefressen

Erkennst
Du mich wieder?

Am Ende

Am Ende sind wir alle
Wie Kinder
Die Trost brauchen
Für getröstete Kinder
Geht das Leben
Weiter

Trost

Kleine Kerze auf dem Grab
Welch ein Trost geht von dir aus
Welch unermesslicher Trost
Leuchtet mir von dir entgegen
Du Licht der Welt
Du Auferstandener

Letzter Geburtstag

Ob du es schon gewusst hast
An deinem letzten Geburtstag
Dass deine Tage gezählt sind
Ob du es schon geahnt hast
Dass die letzten Tage sich nähern
Und doch war dein Gehen
So wie eine Feder fällt
Leise

Lebensdurst

Vom Himmel lecke ich jedes Wort
Das Leben verheißt
Jeden Lebenstropfen
Begierig auf
Bis ich niemals mehr
Dürste nach Leben

Gebet

Mir fehlen die Worte
Weißt du mir eins?
Gibst du mir eins?
Sagst du mir eins?
Ein gutes Wort!
Dein Wort!
Du fehlst mir!

Grabbesuch

An einem Nebeltag im November
Stehe ich vor eurem Grab
Sehe die Zahlen
Die immer noch schmerzen
Ein Grablicht brennt
Über der schwarzen Erde
Eure Stimmen höre ich immer noch
Vertraut seit frühester Kindheit
Sie begleiten mich weiterhin
Diesen Schatz habt ihr mir
Hinterlassen
Kostbarer als Geld und Gut
Danke

Diesmal

Diesmal wird die Last abgeschnallt
Diesmal flattert das Augenlid
Nicht vor Erschöpfung
Diesmal ist alles anders
Leichter, erlöster
Diesmal lösen sich
Last und Schwere in Luft auf
Diesmal verzweifelt der Augenblick
Nicht am Vergehen
Diesmal liegt er frei und endlich
Im Arm der Ewigkeit
Diesmal bleibt's dabei
Diesmal bestimmt
Diesmal

Augenblick

So wie es war
So wird es wieder
Ich weiß nicht wie
Ich weiß nicht wann
Doch wie es war
So wird es wieder
Geborgen, warm
Licht die Lieder

Gnadenfrist

Die Gnadenfrist hält an
Wer weiß, ob sie nicht
Eines Tages auf die
Ewigkeit trifft
Und alles und jeder
Plötzlich gerettet wäre
Wer kennt sich schon
Mit Gottes Geduld
Und Langmut aus

Hier

Hier, wo eins zum anderen kommt
Hier, wo man mehr nicht verlangen kann
Hier, wo Jahrhunderte zu Stunden werden
Hier wird – hörst du – erzählt
Die Zeit sei endgültig vorbeigegangen

Andererseits

Auf der anderen Seite
Welkt die Blume nicht
Noch altert die Haut
Auf der anderen Seite
Lebt es sich besser
Auf der anderen Seite
Kennt der Sonnenaufgang
Den Untergang nicht
Andererseits
Lebe ich gerne hier

Hoffen

Dass du dein Reich zusprichst
Den Armen, Hungernden
Den Weinenden, den Trauernden
Den Kindern und Kranken
Den Verfolgten und Elenden
Das lehrt und lässt mich hoffen

Dass du dein Reich zusprichst
Den Eunuchen und Huren
Den Zaungästen, den Letzten
Den Einbeinigen, den Einäugigen
Den Zweifelnden, sogar dem Mörder
Das lehrt und lässt mich hoffen

Dass du uns zusprichst
Gemeinsam werden Wolf und Lamm weiden
Gemeinsam werden Widder und Panther sich lagern
Gemeinsam spielen Giftschlange und Menschenkind
Das lehrt und lässt mich hoffen

Dein Wort vom Kreuz
Deine Botschaft der Versöhnung
Dein Lebenswort
Das Geständnis deiner Liebe
Das lehrt und lässt mich hoffen

Jes 11,1ff; Mt 5,1ff; Mk 10,13ff; Lk 14,15ff; 23,32; Apg 8,26ff

Bilanz

Geglaubt
Geliebt
Gelobt
Gelebt
Aus Gnade

Traueranzeige

Noch werden sie gezählt
Die Tränen, die fließen
In einen irdenen Krug
Wann die letzte Träne fällt
Wer will es wissen?
Ist es noch nicht genug?
Ich bitte dich:
Mach schnell ein Ende
Den Tränen, dem Leid
Ich meine, es wäre Zeit
Für einen neuen Himmel
Eine neue Erde
Ich meine, es wäre Zeit
Für die Ewigkeit
Sag, was meinst du?

Jetzt

Aus Gottes großzügigen Händen leben
In Gottes warmherzigen Händen ruhn'
Das bedeutet Ewigkeit hier und jetzt schon

Hoffnung

Eines Tages nach der Zeit
Nach dem ersten und letzten Tag der Woche
Wird das Leben anders sein
Blätter fallen nicht
Mensch und Tier sterben nicht
Sie lernen miteinander zu leben
Gott wird von allen erkannt
Ohne Bibel, ohne Predigt
Er ist ausgezogen
Aus Brot und Wein
Er wohnt gleich um die nächste Ecke
Die Natur vergisst
Das große Fressen
Eines Tages nach der Zeit
Nach dem ersten und letzten Tag der Woche
Wird Friede sein
Endlich

Wenn, dann…

Wenn das Erzählen aufhört
Und die Gnade das Leben entfesselt
Die Uhren stehen bleiben
Wenn Fließbänder und Roboter
Sich in Luft und Wohlgefallen auflösen
Wenn Himmel, Erde, Luft und Meer
Von Freude und Gesang erfüllt sind
Wenn so die Erinnerung an Gottes
Große Barmherzigkeit wiederkehrt
Dann hole ich mir ganz schnell
Ein Bier aus dem Keller
Und sage nur: Na endlich

Spaziergang

Beim Spazierengehen durch Feld und Flur
Gebe ich einem Zitronenfalter die Hand
Der Biene von Ferne einen Kuss
Dem Himmel winke ich sorglos zu
Wie ein Schaf auf grünen Auen
Fühlt die Seele sich mangelfrei
Und gegenwartsselig
Zum Paradies fehlt mir allerdings
Der freundliche Gruß der Natter
Und das Wolfsrudel
Das sich höflich nach meinem
Befinden erkundigt
Gott natürlich auch
Der unter einer alten Linde sitzt
Glücklich vor sich hinlächelt
Und mich zu sich ruft
Damit wir gemeinsam
Den Frieden bewundern

Apokalypse now

Das Handy weckt dich
Die Glocken läuten
Und du erkennst nicht
Was die Stunde geschlagen hat

Nachzeitig

Die Schlange verliert ihr Gift
Der Skorpion seinen Stachel
Gift und Galle sind zu
Sekt und Selters geworden
Gläsern spiegelt das Meer
Die Sonne wieder
Im milden Abendlicht
Lädt Gott zu einem
Dämmerschoppen ein
Danach gehen wir mit ihm
In der Abendkühle spazieren
Ach Ewigkeit, du schöne

Anfrage zwecks Ankunft

Falls du eintriffst
In nächster Zeit
Hast du dann
In deinem Gepäck
Den neuen Himmel
Und die neue Erde?

Möglich

Am Ende, an dem alles zu spät scheint
Könnte es womöglich sein
Dass alles möglich wird
Alles anders, alles neu wird
Dass die Herzen höher schlagen
Vor Glück und Freude
Am Ende, an dem alles zu spät scheint
Könnte die zu früh einbrechende Dämmerung
Möglicherweise von einem neuen Morgen künden

Wort Gottes

Die Verwandlung

Dein Wort, Herr, fällt in einen Menschen
Und er wird zu einem Paradiesvogel

Besuch

Ich habe ihn
Aufgespürt, gefunden
Er ist ausgezogen
Aus dem Himmel
Er wohnt im Wort

Ahnung

Ich ahne dich
Ich sehe dich
Nicht überall
Lichtscheu
Wie du bist
Sehe ich dich
Wie du hinter deinem
Wort hervorblinzelst
Wie du lächelst
Das reicht mir
Um zu leben

Not

Aus tiefer Not
Schrei ich zu dir
Ich habe dich not
So sehr brauche ich dich
Dass, wenn es möglich wäre
Ich dich nötigen würde
Mir zu helfen
Du benötigst zur Hilfeleistung
Nichts, außer ein kleines Wort
Sprich es aus!
Das ist alles
Was vonnöten ist
Damit alle Not endet
Ein notwendiges Wort
Von dir

Wort

Wer Gott sprechen hört
Im Wort der Bibel
Kann Gott beim Wort
Und dieses Wort nicht
Wörtlich genug nehmen

In der Stille

In der Stille
Wird das Wort laut
Das meine Sinne weckt
Meine Gedanken fesselt
Mein Herz betört

Anblick

In der Zeit
In der ich dich
Nicht mehr sehen kann
Bleibst du mir doch
Vor meinen Augen
Im Anblick deines Wortes

Begegnung

Nimm dir Zeit
Sprich mit ihm
Tausche deine Sorgen und Nöte
Mit Freude, Zuversicht und Glück
Und beim Zuklappen der Bibel
Ist dein Tag wieder einmal gerettet

Du bist da

Du bist da
Mit deinem Wort
Bindest du dich an mich
In deinem Wort finde ich dich
Du bist mir nah

Hell

Hellhören
Hellsehen
Hellreden
Von deinem
Wort

Glaube

Glaube rennt, eilt
Kriecht und schleicht ins Wort
Birgt sich im Wort
Kuschelt sich ins Wort
Gräbt sich ins Wort
Labt sich am Wort
Lebt von deinem Wort

Lob des Wortes

Süß wie Datteln und Feigen
Schmeckt das Wort dem Gaumen
Schön wie Lilien und Rosen
Ist dein Wort anzusehen
Schön wie die Morgenröte
Köstlicher als Milch und Honig
Dein Wort betört meine Sinne
Heilt meine Seele
Wunderschön, Herr
Kleidest du dich
Mit deinem Wort

Bibellese

Ich höre deinen freundlichen Gruß
Wir reichen uns die Hände
Sprechen miteinander
Sind miteinander vertraut
Wie uralte Freunde
Und ich weiß, Herr
Morgen sehen wir uns wieder

Gesagt ist gesagt

Gesagt ist gesagt
Dein Wort muss gelten
Hinter dem Mond
Und auf der Wiese
Auf Wolke sieben
Und im Dreck
Gesagt ist gesagt

Prall gefüllt

Mehr Leben passt
In keinen Sack
In keinen Koffer

Mehr Leben passt
In keinen Tag
In keine Stunde

Mehr Leben passt
In kein Buch
Auf keine Seite

Mehr Leben
Die Bibel

Freier Fall

Dein Wort
Fiel in mich ein
Im freien Fall
Als ich die
Bibel aufschlug

Schatzsuche

Ich schürfe und grabe
Mit Schaufel und Spaten
Mit Augen und Händen
Mit Eifer und Gier
Nach dem Wortschatz
Jesu in der Bibel

Das Buch

Kennst du noch das Buch
Das Himmel und Erde umspannt?
Kennst du noch das Buch
Das dich ins Leben zieht?

Krankheit

Das Thermometer
Zeigt hohe Skepsis an
Täglich nehme ich
Dein Wort ein
Und ich lebe

Wortwanderung

Das Wort
Flüchtet von
Mund zu Mund
Vor dem Unerhörten
Bis es in dein
Ohr fällt
Und dir gehört
Fürs ganze Leben

Geborgen

Geborgen vom Wort
Lebe ich in guter Hoffnung

Worttreue

Das wortgetreue Herz
Kämpft gegen Staub
Und Langeweile
Es stürzt sich ins Leben
Das wortgetreue Herz

Unvermutet

Manchmal steckt das Wort
In einer Manteltasche
Sitzt im Café
Steckt beim Juwelier
Am Ringfinger
Fällt beim Optiker
Ins Auge
Manchmal steckt das Wort da
Wo man es nicht vermutet

Einbruch

Wie ein Dieb in der Nacht
Kommt dein Wort
Stiehlt die Angst
Raubt die Furcht
Klaut den Zweifel
Und lässt Zuversicht
Zurück

Freiluft

Freiluft, freigesetzt
Vom Wortklang
Deiner Stimme
Tief eingeatmet
Für einen langen Weg
Durch das Leben

Heimat

Mit, in und unter deinem Wort
Weiß ich mich geborgen
Kenne ich jeden Stein
Bin ich zuhause

Das Leben winkt

Das Leben winkt
Den Müden
Den Unvermögenden
Das Leben winkt
Den Gescheiterten
Den Schwachen
Das Leben winkt
Bei der Ankunft
Deines Wortes

Verkündigung

Sprachgewalt?
Nein, ein sanftes Säuseln nur!
Sprachgewalt?
Ein Satz nur, geflüstert:
Es ist vollbracht!

Lebensweg

Von Wort zu Wort
Geht der Lebensweg
Den Spuren
Des fleischgewordenen
Wortes nach

Wer bin ich?

Wer bin ich?
Ein Wortgeschöpf
Aus Gottes
Wortfamilie

Im Wort

Du stehst bei uns im Wort
Der Wortlaut ist bekannt
Dass du Wort hältst
Ist keines weiteren Wortes wert
Es ist selbstverständlich
Denn dein Wort ist nicht
Fern von uns allen
In ihm leben, weben
Und sind wir

Apg 17,27f

Aufruf

Hört!
Hört auf Christus!
Hört seine Worte!
Hört seine Stimme!
Hört!

Bleibt beim Wort!
Mit Ohren und Augen!
Bleibt beim Wort!
Mit Herzen, Mund
Und Händen!
Bleibt beim Wort!

Wahlabend

Meine Wortwahl:
Das Evangelium von Jesus Christus

Wortzeichen

Alles Leben
Ein Wortzeichen
Deines Mundes, Herr
Jede Predigt
Jede Taufe
Jedes Abendmahl
Ein Wortzeichen
Deines Mundes, Herr

Der Katechismus nach Martin Luther und Johannes Brenz der Ev. Landeskirche in Württemberg zur Taufe: „Die Taufe ist ein Sakrament und göttlich Wortzeichen" und zum Abendmahl ebenso: „Das Abendmahl ist ein Sakrament und göttlich Wortzeichen". Kirchenbuch für die Ev. Landeskirche in Württemberg, 2.Teil. Sakramente und Amtshandlungen, Teilband Konfirmation, Ausgabe von 1978, S.82 und 84

Gehörsache

Dein Wort
In, mit und unter den Wörtern
Hört nur des Glaubens Ohr

Zusage

Du bist nicht allein
Welch ein Wort
An Abraham, Isaak, Jakob
An Mose, Josua, David
An alle Apostel
Welch ein Wort
An dich und mich
Du bist nicht allein

Eintauchen

Noch mal rein ins Wort
Nochmal eintauchen ins Wort
Nochmal auftauchen
Ins Leben hinein

Wortliebhaberei

Du nacktes Wort
Dich liebe ich
An deiner Seite wache ich auf
Im Sommermorgenlicht
Sehe ich dich neben mir liegen
Ich kann deiner Schönheit
Nicht widerstehen
Du nacktes Wort

Kurze Einschätzung

Daraus könnte sich etwas ergeben
Daraus könnte etwas werden
Aus der Verbindung von Wort und Vertrauen
Aus dem Treffen zwischen Gott
Der aus allen Wolken fällt
Und den Menschen
Die nicht im Bilde sind

MIX
Papier aus verantwortungsvollen Quellen
Paper from responsible sources
FSC® C105338

Printed by Books on Demand GmbH, Norderstedt / Germany